漫画民法典

维护我们的权益

张宁◎编著

内蒙古人民出版社

图书在版编目（CIP）数据

漫画民法典.维护我们的权益/张宁编著.-- 呼和浩特：内蒙古人民出版社,2025.6.-- ISBN 978-7-204-18388-3

Ⅰ.D923.04

中国国家版本馆 CIP 数据核字第 2025FR8277 号

漫画民法典·维护我们的权益
MANHUA MINFADIAN WEIHU WOMEN DE QUANYI

作　　者	张　宁	
策划编辑	王　静	
责任编辑	孙红梅	
封面设计	琥珀视觉	
出版发行	内蒙古人民出版社	
地　　址	呼和浩特市新城区中山东路 8 号波士名人国际 B 座 5 楼	
网　　址	http://www.impph.cn	
印　　刷	内蒙古爱信达教育印务有限责任公司	
开　　本	640mm×910mm　1/16	
印　　张	5	
字　　数	70 千	
版　　次	2025 年 6 月第 1 版	
印　　次	2025 年 6 月第 1 次印刷	
书　　号	ISBN 978-7-204-18388-3	
定　　价	32.00 元	

如发现印装质量问题，请与我社联系。

联系电话：（0471）3946120

前言 | Preface

　　《中华人民共和国民法典》（简称《民法典》）于2020年5月28日第十三届全国人民代表大会第三次会议通过，自2021年1月1日起正式施行。《民法典》是中国法律体系的重要组成部分，是我国"社会生活的百科全书"，也是"新时代人民权利的宣言书"。

　　《民法典》包括总则、物权、合同、人格权、婚姻家庭、继承、侵权责任七编内容以及附则，全面覆盖了我国人民生产生活的各个方面，具有十分广泛的法律意义。对于广大青少年读者而言，了解《民法典》，不仅能够丰富法律知识，增强法律意识，还有助于提高学法遵法守法用法的自觉性，从而学会运用法律武器维护自己的合法权益，并依法履行自己的法律义务。

　　鉴于此，我们根据青少年读者的阅读需求和成长特点，以《民法典》为依据，编写了这套"漫画民法典"丛书。丛书精选与青少年生活紧密相关的法律知识，采用层层递进的方式，深入剖析青少年日常生活中可能遇到的各类法律问题，并通过"以案说法"的形式向他们普及法律基础知识。

为了提升图书的可读性和趣味性，我们精心设计了多个阅读版块，如"案例再现""法理分析""民法链接""举一反三""律师答疑""法律贴士"等。此外，书中还配有大量生动的漫画插图，以期通过图文并茂的形式，帮助青少年读者更直观地理解法律概念和知识，让阅读更加轻松愉快。

我们期望，通过阅读这套丛书，每位青少年读者都能学到丰富的法律知识，学会运用法律武器维护自己的权益，明白履行法律义务的重要性，成为知法、懂法、守法的新时代好少年。

目录 | Contents

篇 首 语

　　生活总是充满了意外，有时候这些意外会给我们带来一些麻烦。比如，你借给朋友的东西竟然被他们卖掉了，或者电梯里那些吵闹的广告让你感到烦躁，再比如你放在自助寄存柜里的物品不翼而飞。这些问题虽然看似是小事，但确实能给我们的日常生活带来不小的烦恼。

　　要解决这些问题，我们需要了解民法典，它可以帮助我们学会怎样用法律来保护自己。当我们知道怎样用法律来处理这些麻烦事，我们的生活就会变得更加顺利，烦恼也会少很多。

借给他人的物品被卖了，
谁来赔偿损失？

 案例再现

　　风风向小雨借用电子词典，小雨爽快地借给了风风。几天后，风风未经允许，将小雨的电子词典卖给了天天。又过了几天，小雨在天天手中看到了与自己的电子词典非常相似的词典，便上前询问。经确认后，小雨发现天天手中的电子词典就是自己的，了解后才得知，这个电子词典是天天以高于市场价的价格从风风那里买的。小雨有些犹豫，她不知道自己可不可以直接将电子词典要回。与此同时，天天也犯了难，因为当初将电子词典卖给他的人是风风，两人一时之间都不知道该怎么办。

法理分析

　　根据《民法典》第三百一十一条规定的善意取得制度，电子词典原本属

于小雨所有，后被风风借用，而风风并无权处置该电子词典。理论上，小雨有权要求风风归还电子词典。然而，在购买电子词典时，天天并不知晓电子词典的真实归属，因此他的行为被视为善意的。在《民法典》中，"善意"特指不知晓物品权利的状态，与日常意义上的善意或好心不同。此外，天天支付的价格虽然高于市场价，但这是出于个人喜好，并且电子词典已经实际转让给了他。这些条件共同构成了善意取得的完整要素，意味着天天合法取得了电子词典的所有权。根据民法典第三百一十三条的规定，小雨的电子词典所有权因此失效，他无法再向天天主张返还电子词典，但有权向风风寻求赔偿。

 民法链接

《中华人民共和国民法典》第三百一十一条规定：无处分权人将不动产或者动产转让给受让人的，所有权人有权追回；除法律另有规定外，符合下列情形的，受让人取得该不动产或者动产的所有权：（一）受让人受让该不动产或者动产时是善意；（二）以合理的价格转让；（三）转让的不动产或者动产依照法律规定应当登记的已经登记，不需要登记的已经交付给受让人。受让人依据前款规定取得不动产或者动产的所有权的，原所有权人有权向无处分权人请求损害赔偿。当事人善意取得其他物权的，参照适用前两款规定。

《中华人民共和国民法典》第三百一十三条规定：善意受让人取得动产后，该动产上的原有权利消灭。但是，善意受让人在受让时知道或者应当知道该权利的除外。

举一反三

小溪刚刚开始她的大学生活，感到非常兴奋。她终于用自己攒了很久的钱买到了一直梦寐以求的笔记本电脑。当她兴奋地打开新电脑时，同学雯雯好奇地凑了过来。

雯雯说："哇！小溪，你的电脑真漂亮。我正好有个作业要做，能借用一下你的电脑吗？"

小溪有些犹豫，但考虑到雯雯是同班同学，最终还是同意了。不过，她要求雯雯用完一定要及时归还。雯雯很爽快地答应了。

几天后，当小溪向雯雯索要电脑时，雯雯却没有归还。小溪感到非常困惑，追问雯雯为什么不还电脑。雯雯起初支支吾吾，最后才说出真相：她竟然把小溪的电脑卖掉了。

小溪愤怒地说："你怎么能私自卖掉我的电脑呢？！"

雯雯辩解道："我也没想卖掉你的电脑，你不是还欠我钱嘛，我觉得这样正好可以抵债。"

小溪反驳道："那你也不应该卖掉我的电脑，我们不是说好月底还钱的嘛！"

面对小溪的质问，雯雯无言以对，只能沉默。

看到雯雯沉默不语，小溪气愤地给爸妈打了电话，告诉了他们这件事。小溪的父母了解情况后，立刻赶到学校，帮助小溪处理这件事。

妈妈严肃地对雯雯说："同学，你转卖我女儿电脑的行为是违法的。如果我们追究，我们有权起诉你，你知道吗？"

雯雯焦急地说："阿姨，小溪欠我钱，我卖电脑是为了抵债，你们不能起诉我吧？"

妈妈回答道："同学，第一，你和我女儿约定的还钱时间还没到。第二，从法律角度来看，你私自售卖他人财产是违法的。"

听到这些话，雯雯感到很害怕，一时不知所措。小溪看着雯雯，虽然心里还是有些生气，但决定不再追究。

小溪说："雯雯，我欠你的钱我会提前还给你，但我希望你能把我的电脑原封不动地还回来。"

雯雯立刻点头，承诺会按照原价赔偿小溪的电脑，并向小溪郑重道歉。

律师答疑

私自卖掉他人的东西属于违法行为吗？

私自卖掉他人的东西属于违法行为。

首先，我们必须明确一点：任何未经允许擅自取走他人财物的行为都是违法的。当涉及债务问题时，这种情况就更加复杂了。

设想有这样一种情形：债权人在没有得到债务人同意的情况下，擅自取走了债务人的物品，作为债务的抵偿。如果债务人对此毫不知情，这种行为不仅侵犯了债务人的财产权益，还可能构成盗窃罪。这不仅会导致债权人承担民事责任，还可能会使其面临刑事处罚。

再想象另一种情况：当债务人亲眼看到并试图阻止时，如果债权人使用暴力或以暴力威胁等手段强行取走物品，根据最高人民法院的司法解释，这种情况一般不会被定性为抢劫罪。但是，如果这种行为导致了故意伤害等其他犯罪行为的发生，那么债权人仍将受到刑法的制裁。即使他们的行为未达到刑事犯罪的程度，债务人仍有权依法追究债权人的民事法律责任。

在某些特定情境下，如果债务人并没有明确表示拒绝或进行阻止，那么可以视为债务人默认了债权人的行为。在此情况下，债权人通常无需承担法律责任。然而，这种情况在实际生活中并不多见。

另外，我们还需要着重指出，在某些极端情况下，债权人可能会采取非法手段来逼债，限制债务人的自由。这种行为不仅侵犯了债务人的基本权利，而且已经构成了非法拘禁罪。任何试图通过限制他人自由来追讨债务的行为都是不可接受的，并且会受到法律的严厉制裁。

 法律贴士

我把东西借给同学，他不愿归还怎么办？

当遇到同学借东西不还时，首先得保持冷静，别让情绪控制行为。然后，可以尝试和同学进行友善的交流，直接询

问他归还物品的具体日期。如果他否认或拒绝归还，必须坚定地表示这是不恰当的行为，并强调自身的权益。同时，搜集证据是必要的，比如购物发票、物品照片或聊天记录等，这些都可以作为证明物品所有权的证据。如果沟通无果，可以考虑向辅导员、班主任或学校相关部门求助。如果问题仍未解决，可以考虑通过法律途径来维护自己的权益。

　　小朋友们，如果你的东西被别人偷偷卖了，你知道该怎么办吗？快开动脑筋想一想吧！

_____

_____

消失的游戏机

乐乐正在玩游戏机，同学小海凑了过来……

不小心输错了话费充值号码，该怎么办呢？

案例再现

　　糊糊发现自己的手机停机了，就和妈妈说需要充话费。妈妈正在忙着工作，于是将自己的手机交给了糊糊，告诉糊糊输入手机号码后充值 100 元。糊糊拿到手机后快速地输入了手机号码，并完成充值。可是过了很久，糊糊的手机仍然无法使用，他疑惑地再次点开妈妈的手机，才发现自己在输入电话号码时不小心输错了一位数。糊糊不知道该怎么办，只能忐忑地去找妈妈，将事情告诉她。妈妈明白了事情的经过后，立刻给那个充错话费的手机号码拨打电话，和对方进行沟通。

法理分析

　　糊糊因为疏忽大意，输入了错误的手机号码，

结果导致 100 元话费被充进了陌生人的手机。从法律角度看，这属于不当得利。不当得利是指没有合法根据，使他人受到损失而自己获得利益的事实。其中取得不当利益的人叫受益人，财产受到损失的人叫受损人。不当得利由于缺乏合法依据，即便已成为既定事实，也不受法律支持。因此，受益人需将所获得的不当利益归还给受损方。根据《民法典》的规定，不当得利不受法律保护，受益人应当返还所获利益。因此，糊糊妈妈完全有权要求陌生人退还这笔意外获得的话费。建议糊糊妈妈尽快与相关运营商联系，并提供相应的证据，以促使受益人尽快退还话费。

民法链接

《中华人民共和国民法典》第九百八十五条规定：得利人没有法律根据取得不当利益的，受损失的人可以请求得利人返还取得的利益，但是有下列情形之一的除外：（一）为履行道德义务进行的给付；（二）债务到期之前的清偿；（三）明知无给付义务而进行的债务清偿。

周末，小路在家休息，坐在沙发上看书。爸爸一边穿外套准备出门，一边急匆匆地对小路说："小路，奶奶的

手机欠费了，但爸爸得赶去开会，你能帮奶奶充一下话费吗?"

小路抬起头，笑着答应:"没问题，爸爸。"

爸爸听了，赶紧通过手机转了200元给小路，然后匆匆出门了。

小路有些不舍地放下手中的书，拿起手机，迅速地输入了记忆中奶奶的手机号码，用爸爸转来的200元为奶奶的手机充值。充值后，小路又迫不及待地拿起书继续阅读。

过了很久，奶奶拿着手机，一脸疑惑地从房间里走出来，坐在小路身边，问道："小路，你帮奶奶充话费了吗？怎么我还是不能打电话呢？"

小路疑惑地抬起头，回答说："我已经充了呀，就在爸爸出门后不久。"他接过奶奶的手机，仔细检查，却发现充值记录里并没有充值成功的信息。小路又拿出自己的手机，仔细查看充值页面，这才发现自己在充值时不小心输错了一个数字。

小路懊恼地说："哎呀，我把奶奶的手机号码输错了！"

奶奶看着小路，不知道该怎么安慰他。

这时，爸爸回来了。看到小路难过的样子，他问："怎么了，小路？发生什么事了吗？"

小路赶紧把事情的经过告诉了爸爸。

爸爸听后，想了想，安慰小路说："没关系，我给那个号码打个电话，看看能不能请对方把钱退回来。"

小路还是有些担心，说："但这是因为我操作失误导致的，对方要是不愿意还钱怎么办？"

爸爸摇了摇头，解释说："如果对方不愿意归还，我们可以联系运营商，让他们帮忙处理这笔话费。别担心。"

爸爸说完，就拨通了电话。几分钟后，他挂断电话，告诉小路和奶奶，对方很乐意退还话费。小路终于松了一口气。等到对方把话费退回来后，小路仔细核对了奶奶的手机号码，这次没有出错，他顺利地为奶奶的手机充了值。

如果不小心将话费充错了手机号码，该怎么办？

当你发现话费充值出错时，应该立刻联系对方，尝试以一种平和的方式解决这个问题。如果对方欣然同意退还话费，那么这件事情便能得到顺利解决，避免了后续的麻烦。

如果对方不回应或者拒绝退还话费，这时需要保持冷静，并立刻联系运营商的客服人员，详细说明情况，并提供相关证据和信息。他们会协助你与对方进行沟通，争取话费返还。

如果与对方沟通无果，可以联系运营商，向客服详细说明情况，并提供充值记录、充值时间、充值金额等信息，请求运营商协助处理。部分运营商对于一些特殊情形，在对方同意、系统允许的情况下，可以将错充的话费从对方账户返还至原支付账户，但通常仅限于省内用户，省外用户一般不可以，而且还需在一定时间之内、对方账户中余额够的情况下才行。

若以上方法都无法解决问题，可以考虑向法院提起诉讼。在向法院提起诉讼时，需要提供相关证据，如充值记录、与对方的沟通记录等，法院会根据相关法律规定判决对方退还话费。

总的来说，当遇到话费充错手机号码的情况时，首先要尝试与对方友好协商解决。如果无法解决，可以寻求运营商的帮助或者考虑通过法律途径解决问题。但需要注意的是，在操作过程中要保护好自己的隐私，并遵守相关法律法规。

法律贴士

网络话费充值时需要注意哪些问题?

在进行网络话费充值时，需要注意以下几点：首先，选择正规且官方授权的充值平台，避免资金损失或话费被骗。其次，选择安全的充值方式，确保个人隐私和支付信息的安全，同时避免泄露敏感信息。同时，比较不同充值平台的价格，避免因追求低折扣而选择不正规的平台。了解充值限制，防止因超过限制而导致充值失败或产生额外费用。此外，关注服务质量和口碑，选择信誉良好的充值平台。最后，确认话费充值状态和到账情况，并留意售后服务，以便在出现问题时能够及时解决。

　　小朋友们，如果你不小心把话费充到了别人手机里该怎么办? 快开动脑筋想一想吧!

_____

_____

充错的话费

乐乐自告奋勇帮妈妈充话费，却不小心输错了手机号码……

打赏给主播的钱，还能要回来吗？

案例再现

　　最近，正在上小学的小支迷上了一款游戏，周末休息的时候经常在家玩游戏。有一天，小支在一个关卡中总是失败，于是他在视频平台搜索教学视频。在搜索时，弹出了一个直播间，主播正在玩小支最喜欢的这款游戏。小支看着主播高超的技术很是佩服，于是点进直播间打算学习一下。看了一会儿，小支发现直播间还有送礼物的功能，他拿着妈妈的手机，做了一番思想斗争后，便向主播赠送了礼物。

法理分析

　　小支是个小学生，还是个限制民事行为能力人，这意味着他的很多行为都需要经过大人的同意。如果小支用"打赏"或充值

等方式花了很多钱，那这种行为其实是有问题的。依据《民法典》第一百四十五条的规定，这种行为属于效力待定的行为。简单说，要经过小支爸妈的同意，这种行为才有效。否则，这种行为就无效。而且，无效的民事法律行为从开始就没有约束力，行为人获得的财物要退还。所以，小支的家长是可以要求网络平台退款的。

网络经济的蓬勃发展给人们带来了诸多便利，但同时也暴露出一些问题。青少年打赏主播的事件屡见不鲜，为了解决这一问题，国家应加强对网络平台的监管力度，制定更加严格的规章制度，以遏制不合理的消费行为。同时，社会各界也应积极引导青少年树立正确的价值观，让他们明白金钱的价值和意义，学会理性消费。父母也应该关注孩子的成长，加强对他们的教育。值得欣喜的是，我国已经出台了《中华人民共和国家庭教育促进法》，旨在推动家庭教育的规范化发展，为孩子们的健康成长保驾护航。

 民法链接

《中华人民共和国民法典》第一百四十五条规定：限制民事行为能力人实施的纯获利益的民事法律行为或者与其年龄、智力、精神健康状况相适应的民事法律行为有效；实施的其他民事法律行为经法定代理人同意或者追认后有效。相对人可以催告法定代理人自收到通知之日起三十日内予以追认。法定代理人未作表示的，视为拒绝追认。民事法律行为被追认前，善意相对人有撤销的权利。撤销应当以通知的方式作出。

举一反三

小美是个活泼可爱的女孩，但新年过后，妈妈注意到她行为有些异常，经常把自己关在房间里，还总是偷偷地玩手机，看起来乐呵呵的。

一天夜里，妈妈发现小美的房间灯还亮着，就悄悄地推开门，看到小美正聚精会神地看视频直播，她的心里有种不好的预感。

第二天，妈妈试探性地问小美："爸爸想买车，你过年收到的2万元压岁钱能借给爸爸吗？"

小美犹豫着说："那是我的钱，我不想借。"

妈妈听了，心里的疑虑更重了。

　　妈妈把这件事告诉了爸爸，他们觉得这事情非常严重，就和小美谈了谈。原来，小美迷上了看直播，看到主播感谢送礼物的观众的画面后，她也想试试。于是，她开始用压岁钱在直播间给主播送礼物，希望能得到主播的关注。不知不觉中，小美竟然花了 2 万元。

　　爸爸听后叹了口气，说："我们得想办法把钱追回来。"他立刻联系了直播平台，说明小美只有 10 岁，要求退款。但直播平台并没有帮他们解决这个问题。

　　无奈之下，小美的父母决定起诉直播平台。法院审理后认为，从注册信息和交易方式看，那个打赏账号确实是小美在用。最终，法院判决直播平台返还小美充值的 2 万元。

　　案件结束后，法官找到小美一家，对小美说："你虽然可以自己支配压岁钱，但你还是未成年人，不能随意进行直播打赏或游戏充值，明白吗？"

　　小美认真地点头，"我以后不会再乱花钱了。"

　　法官又转向小美的父母，说道："家长也要注意管理好网络账号和支付密码，及时发现异常交易，并

引导孩子树立正确的网络消费观念。"

小美的父母郑重地点了点头。

这件事让小美深刻认识到了自己的错误，她向爸爸妈妈真诚地道了歉，爸爸妈妈也原谅了她。

律师答疑

未成年人打赏主播的相关法律规定有哪些？

未成年人打赏主播，一直以来都是一个备受关注的话题。根据相关法律规定，未成年人的打赏行为是无效的，这主要是因为未成年人缺乏足够的判断力和自我控制能力，容易做出一些不理智的消费行为。那么，未成年人打赏主播有哪些相关法律规定呢？

具体来说，根据《中华人民共和国民法典》的相关规定，无民事行为能力人和限制民事行为能力人订立的合同是无效的。这意味着，如果一个未成年人未经家长或监护人的同意，私自打赏主播，这种行为是无效的。家长或监护人可以要求平台退还打赏金额。

要判断是否是未成年人进行的打赏或充值，平台通常应综合考虑多个因素。其一，他们应查看用户的年龄信息，了解其是否属于未成年人群。其二，他们应分析用户的消费行为和交易记录，观察是否存在与年龄、行为习惯等明显不符的情况。如果发现这些异常，平台会进行进一步的审核，并采取相应的处理措施。如果平台发现有未成年人未经家长或监护人同意私自进行大额消费，他们应该及时采取行动。他们应退还相关款项，保障用户的权益。同时，也应加强监管，防止类似情况再次发生。

此外，为了更好地保护未成年人的权益，法律还明确了一些其他的规则。比如，对于一些涉及未成年人消费行为的网站、应用等，必须进行特殊标识和提醒，以便家长和监护人更好地监管和保护孩子的消费行为。同时，家长和监护人也应当加强对孩子的教育和引导，培养孩子正确的消费观念和行为习惯。

 **法律贴士**

如何应对未成年人直播打赏的问题？

针对未成年人直播打赏的问题，我们需要从多个方面采取措施来加强对未成年人的保护。首先，家庭是孩子的第一个课堂，应加强对孩子的引导和教育，培养他们正确的价值观和消费观，让他们了解直播打赏的利弊，避免盲目跟风或过度消费。其次，平台方也应承担起社会责任，采取切实有效的措施来保护未成年人的权益。例如，建立严格的身份认证体系，对未成年人进行特殊保护，限制打赏金额和次数，防止他们进行大额消费。此外，政府也应出台相关法律法规，规范直播行业的发展，明确平台方的责任和义务，加大对违法行为的惩处力度。同时，政府还应该加强宣传教育，提高公众对未成年人直播打赏问题的认识和重视程度。

小朋友们，你知道直播打赏可能存在的风险吗？快开动脑筋想一想吧！

_____

_____

打　赏

晚上，乐乐看到爸爸一直在看手机……

眼花缭乱的电梯广告是否合法呢?

小石放学回家时一直沉默不语,因为他心里一直在想着一件事情。前几天,他们楼里的电梯新装了一个广告电视机,声音特别大。每次小石走进电梯,都觉得特别吵,有时候在家里都能听到广告声。回到家,小石听到爸爸妈妈正在讨论电梯广告的事。妈妈觉得广告的收入应该分给业主们,爸爸却觉得没这个必要。小石听得一头雾水,电梯里的广告收入到底要不要分给业主呢?这个问题让他感到很困惑。

法理分析

根据《民法典》相关规定,小区内业主共有部分的利益，在扣除合理费用后，应归所有业主共同所有。在小区内，电梯是业主共同拥有的设施之一，物业公司有责任及时向业主公示因经营业主共有部分所产生的收益，并且按照业主或业主委员会的意见进行分配。

然而，物业公司在实际操作中，常常会做出侵犯业主合法权益的行为。这些业主共有部分的收益，应当全数返还给真正的所有者——业主们。物业公司在与广告公司合作时，会付出一些必要的成本和费用。这些费用是物业公司为维护业主利益而支付的，因此在计算广告收益时应当进行合理的扣除。这样业主的合法权益才能得到有效的保障。

 民法链接

《中华人民共和国民法典》第二百七十三条规定：业主对建筑物专有部分以外的共有部分，享有权利，承担义务；不得以放弃权利为由不履行义务。业主转让建筑物内的住宅、经营性用房，其对共有部分享有的共有和共同管理的权利一并转让。

《中华人民共和国民法典》第二百八十二条规定：建设单位、物业服务企业或者其他管理人等利用业主的共有部分产生的收入，在扣除合理成本之后，属于业主共有。

举一反三

倩倩一家最近搬到了一个新的小区。一天，倩倩放学回家，发现一楼大厅里不像往常那样安静，而是有些喧闹。她走近一看，许多熟悉的邻居正在和物业管理人员交谈。在人群中，倩倩还看到了自己的爸爸妈妈。她快步走到爸爸妈妈身边，好奇地问："爸爸妈妈，你们在这里做什么呢？"

妈妈回答说："倩倩，你回来了。物业在电梯里私自投放广告，还不分给我们广告收益，我们正在和物业讨论这件事。"

倩倩看着正在热烈讨论的人群，不解地拉过爸爸妈妈，小声问道："电梯里的广告收益也有我们的份吗？"

爸爸解释道："按照法律规定，物业如果没有得到业主的同意就在电梯里投放广告，并且独自获得广告收益，就是侵犯了业主的权利。我们是有权利维权的。"

倩倩听了爸爸的话，认真地点了点头。就在这时，小区里响起了警笛声，人群开始躁动。

不久，物业经理带着三名警察走了过来。警察环顾大厅内的业主，问道："大家都别激动，发生了什么事？"

爸爸回答说："警察同志，物业没有得到业主的同意，

就在小区所有的电梯内投放了广告。根据法律规定，广告收入应该归全体业主所有。"

警察听完后，转向物业经理说："业主们的要求是合理合法的。根据《中华人民共和国民法典》，小区广告带来的收益是全体业主共有的。还有其他很多收益也应该归全体业主所有。"

物业经理有些委屈地说："可是这些收益我们都用于专项维修和补充管理费了。"

警察回应说："收益可以用于这些方面，但必须经过全体业主投票决定。你们进行投票了吗？"

业主们生气地说："我们连收益有多少钱都不知道，更别提投票了。"

警察一边安抚业主情绪，一边对物业经理说："这就是你们服务的疏忽了，收益情况确实需要向业主公示。"

物业经理有些惭愧，说道："各位业主，对不起！因为我们对相关法律知识了解不够，导致了这次的问题。我们会马上整改，请业主们监督。"

业主们也纷纷表示理解，各自回家了。

律师答疑

1.《物业管理条例》制定的目的是什么？

《物业管理条例》制定的主要目的是规范物业管理活动，确保业主和物业服务企业的权益，改善人们的生活和工作环境。该条例明确了业主自治、物业服务企业管理等基本制度，规定了物业服务企业与业主的权利、义务和职责。该条例对物业管理活动进行了全面规范，为提高物业服务质量、保障业主权益提供了法律依据。

2. 物业在电梯里张贴广告合法吗？

电梯是公共财物，如果擅自利用电梯做广告，可能会违反《物业管理条例》的相关规定，并可能会受到相应的处罚。物业公司在电梯里张贴广告需经业主或业主委员会同意，确保不损害业主利益和权益，同时需遵守相关广告法律法规和规定，不影响电梯正常使用和安全。物业公司需与业主或业主委员会协商制定合理收益分配方案，确保业主获得应有的收益。如违反相关法律法规和规定，物业公司需承担相应法律责任。

3. 小区里的广告收入归属人应该是谁？

根据《民法典》相关规定，小区里的广告收入应该归业主所有。小区的公共区域是业主的共同财产，物业公司只负责这些区域内的公共设施的正常运行和管理，并没有私有产权。作为业主，有权利获得这些区域的广告收益。在扣除合理的广告成本后，这些收入应该属于业主。因此，小区里的一切广告收入都应该属于业主，而不是物业公司或其他机构。

 法律贴士

物业和业主发生广告费纠纷，该如何处理？

当物业和业主发生广告费纠纷时，最佳的处理方式是

双方在友好的基础上进行协商。如果协商不一致，可以要求有关机构进行调解。如果有一方或双方都为国有企业，可以让上级机关在平等的基础上进行调解。此外，当事人也可以让法庭、仲裁机构等进行调解。如果协商或调解不成，当事人还可以向仲裁机构申请仲裁。如果通过以上途径都无法解决纠纷，当事人可以向法院起诉。

小朋友们，你知道电梯广告的收益该归谁吗？快开动脑筋想一想吧！

广告费

乐乐和妈妈坐电梯时，看到了一则广告……

小区里民宿扰人，该如何维权呢？

案例再现

　　小华放学回家时，看到邻居陈叔叔家正在装修，他好奇地走过去询问。陈叔叔告诉他，他打算把自己的房子改造成民宿对外出租。小华听后，点了点头就回家了。从那以后，陈叔叔的房子总是有人进进出出，而且非常吵闹，这让小华做作业时总是难以集中注意力。小华的妈妈看到小华因为睡眠不足导致学习成绩下降，心里非常生气。她多次找到陈叔叔，希望他能管理好租客，减少噪音，但情况并没有改善。无奈之下，小华的妈妈开始考虑采取法律途径来解决这个问题。

法理分析

　　根据《民法典》相关规定，将住宅转为商业用途需要得到所有相关业主的一致同意。邻居陈先生擅自将其住宅改造成民宿，这一行为改变了房屋的用途，对小华一家产生了不良影响。由于这种改变并未得到其他业主的同意，因此，从法律角度来看，这是违法的。在这种情况下，小华的家人有权向法院提起诉讼，要求陈先生恢复房屋的原状。我们必须知道，房屋在设计时都有特定的用途，随意更改可能会引发各种问题。例如，人员混杂可能会增加小区的安全风险，干扰其他业主的生活，甚至可能导致小区公共设施的过度使用。为了维护小区的和谐与安全，确保业主的权益不受侵犯，我们坚决反对陈先生的这种行为。如果小华的家人选择采取法律行动，完全有权要求陈先生恢复房屋的原状。

 民法链接

《中华人民共和国民法典》第二百七十九条规定：业主不得违反法律、法规以及管理规约，将住宅改变为经营性用房。业主将住宅改变为经营性用房的，除遵守法律、法规以及管理规约外，应当经有利害关系的业主一致同意。

《中华人民共和国民法典》第二百八十七条规定：业主对建设单位、物业服务企业或者其他管理人以及其他业主侵害自己合法权益的行为，有权请求其承担民事责任。

朱朱家在现在居住的小区中一共有三套房子，其中两套处于闲置状态，朱朱的爸爸妈妈决定将房子装修一下，作为民宿对外出租。

可是，就在朱朱的爸爸妈妈将房子装修好，准备开始招租的时候，却被物业告知他们的行为引起了其他业主的反对，业主们将朱朱家投诉到了物业。物业经理表示，希望朱朱的爸爸妈妈去物业解决问题。

朱朱的爸爸妈妈得知消息后，立刻赶往小区物业管理处。他们到达办公室时，发现物业经理和几位业主代表已经在那里等候他们了。

看到朱朱的爸爸妈妈，物业经理站起来说："业主您好，这次需要几位就改造民宿一事进行一下协商。"

爸爸疑惑地问："房子是我们的，我们难道不能决定它的用途吗？"

物业经理耐心地解释道："但是您这样做属于'住改

商'，要将住宅用作商业，需要得到所有有利害关系的业主的一致同意。"

业主代表也附和说："是的，你们想开民宿，也没问过我们。如果民宿运营后出现安全隐患，那怎么办？"

妈妈焦急地说："那我们现在怎么办？我们已经申请了开民宿需要的所有证件，如果开不成，不是白花钱了吗？"

物业经理认真地说："您要知道，开民宿确实需要营业执照等证件，但得到周围业主的同意同样重要。法律上有明确规定，如果未得到其他业主同意就将住宅商用，有利害关系的业主是可以向法院起诉的，法院通常会支持他们。"

爸爸有些无奈，"那现在我们还能怎么办？我们的许可证都快下来了……"

物业经理说："您可以尝试和同一栋楼的业主沟通，如果能得到整栋楼业主的同意，应该不会影响您的后续经营。"

业主代表也点头表示同意。

听完这些话，朱朱的爸爸妈妈立刻开始和邻居们协商。最终，他们成功获得了所有邻居的同意，顺利开起了民宿。

 **律师答疑**

1. 小区里有业主擅自将自家住宅楼改为民宿，合法吗？

小区业主将住宅楼改为民宿是否违法，需视具体情况而定，关键在于是否符合法律法规和商业管理规定。首先，住宅楼原为居住用途，若改为民宿则涉及用途变更。根据《民法典》相关规定，变更用途需得到利害关系业主的一致同意，以避免人员混杂、小区安全问题及公共设施紧张等潜在问题。此外，开民宿还需取得相关证件，如卫生许可证、营业执照等，未获得这些证件擅自经营民宿属违法行为。

2. 小区里有业主擅自将自家住宅楼改为民宿，怎样维权？

当小区内有业主擅自将自家住宅楼改为民宿时，其他业主可以采取以下措施来维权：及时向物业公司和业主委员会反映情况，请求他们采取措施制止该业主的行为，并要求其恢复房屋的原始用途。如果物业公司和业主委员会无法解决问题，可以向当地公安机关报案，举报该业主的违法行为。如果以上两种方法均无法解决问题，其他业主可以寻求通过法律途径来维护自己的合法权益，起诉该业主侵犯了其他业主的物权和相邻关系，要求其停止侵权行为并承担相应的法律责任。在维权过程中，其他业主应当遵守法律法规，尊重他人的权利和利益，避免采取过激行为导致事态升级。同时，其他业主也可以通过法律途径来保护自己的合法权益，维护小区的和谐与安全。

法律贴士

小区里有民宿，每天都发出噪声，怎么维权？

在小区内，如果民宿产生的噪声严重干扰了其他业主的休息和生活，业主们有权采取措施维护自己的权益。首先，他们可以尝试与民宿经营者进行沟通，表达自己的不满和要求。如果沟通无果，业主们可以向物业或业主委员会反映问题，并请求他们采取措施解决问题。如果这些努力都未能达到预期的效果，业主们可以考虑向公安机关报案，要求他们对此事进行调查处

理。如果问题依然存在，业主们可以寻求法律途径，通过起诉民宿经营者来维护自己的合法权益。在整个维权过程中，业主们应遵守法律法规，尊重他人的权利和利益，避免采取过激行为，保持冷静和理性，以和平的方式解决问题。

　　小朋友们，如果有人在小区里违规开民宿，你该怎么做？快开动脑筋想一想吧！

_____

_____

经济头脑

放学后，乐乐兴冲冲地回了家……

妈妈，我同学毛毛和我说，他家是开民宿的。

开民宿的？然后呢？

说他家能赚好多钱。

那是人家赚的钱，你这么兴奋做什么？

咱家也可以开民宿赚钱。怎么样？我是不是很有经济头脑？

可是擅自把自己家改成民宿是不合法的。

哎！我赚钱的梦想又泡汤了。

网购商品在运输途中受损，应由谁来承担赔偿责任？

案例再现

今天小萱特别高兴，因为妈妈告诉她，妈妈在网上为她买的一套书今晚就能送到家。放学回家后，小萱急匆匆地打开快递，却发现书好像被水浸泡过，书页皱巴巴的，书上的字也模糊不清。小萱急忙叫来妈妈，妈妈看到书的状况也很惊讶。反应过来后，妈妈立刻用手机拍下了书本和快递包装的照片，并联系了卖家，跟他们商量解决办法。

法理分析

在小萱妈妈与电商平台交易的过程中，一件不幸的事情发生了：运送的物品在途中被水浸泡了。这是一个双方都无法预料和控制的情况。根据

《民法典》相关规定，买卖合同中物品风险的转移是以交付为界点的。在物品交付之前，风险由卖家承担；一旦交付，风险则转移到买家身上。而当电子合同采用快递作为运输方式时，收货人的签收时间就是交付时间。由于小萱妈妈尚未正式签收快递，这意味着物品的风险还未转移到她身上。因此，快递在运输途中被水浸泡的风险应由电商平台来承担。基于这一点，小萱妈妈完全有权要求电商平台重新发货或者进行相应的退款。

 民法链接

《中华人民共和国民法典》第五百一十二条规定：通过互联网等信息网络订立的电子合同的标的为交付商品并采用快递物流方式交付的，收货人的签收时间为交付时间。电子合同的标的为提供服务的，生成的电子凭证或者实物凭证中载明的时间为提供服务时间；前述凭证没有载明时间或者载明时间与实际提供服务时间不一致的，以实际提供服务的时间为准。电子合同的标的物为采用在线传输方式交付的，合同标的物进入对方当事人指定的特定系统且能够检索识别的时间为交付时间。电子合同当事人对交付商品或者提供服务的方式、时间另有约定的，按照其约定。

举一反三

蓉蓉为了学习方便，在网上给自己买了一台笔记本电脑。等了一个星期，她终于等到了自己的快递。

在快递点拿到快递时，蓉蓉发现盒子有些磕碰，但她没太在意。回到家，她急切地打开包装盒，却发现新买的笔记本电脑屏幕上有一道明显的裂痕。经过检查，除了屏幕的裂痕，电脑其他部分都正常。

蓉蓉立刻联系卖家说明情况。卖家表示可以提供打包时的视频，随后将视频发给了蓉蓉。蓉蓉查看视频后，确认视频中的电脑并没有裂痕。她推测裂痕可能是快递运输过程中造成的，于是带着电脑和包装盒回到了快递点。

快递点的管理员看到蓉蓉焦急的样子，立刻上前询问：

> 您好，电脑收到了，但是屏幕上有一道裂痕。

"您好，有什么可以帮您的吗？"

蓉蓉说："我买的电脑屏幕裂了，我想确认是不是运输过程中造成的。如果是，我需要赔偿。"

管理员接过电脑查看，也注意到了屏幕上的裂痕，但他说："这条裂痕不一定是运输造成的，可能包装时就有了。"

蓉蓉立刻拿出手机，给管理员看了卖家提供的打包视频。

管理员看完视频后，有些尴尬地说："看来不是卖家的问题。我们愿意赔偿您 200 元，您看可以吗？"

蓉蓉查过，同款电脑屏幕维修需要 500 元，远高于管理员提出的赔偿。她拒绝道："不行，200 元不够修屏幕的。"

管理员有些不高兴，"我们只能赔 200 元，没有更多了。"

蓉蓉严肃地说："我查过，根据规定，货物在运输过程中损坏，快递公司需要按原价赔偿。这台电脑修屏幕要500元，您的赔偿不合理。如果不赔偿，我可以报警维权。"

面对蓉蓉的坚持，管理员尴尬地说："好吧，我们愿意赔偿您500元。"

蓉蓉拿到赔偿后，立刻带着电脑去维修了。

律师答疑

网购的商品在运输过程中被损坏，消费者该如何维权？

首先，应该尽快与快递公司取得联系，并详细描述物品损坏的情况和程度。同时，提供相关照片和证明材料，以便快递公司能够全面了解情况。如果快递公司同意赔偿，可以填写赔偿申请表，并提交必要的证明材料。如果快递公司拒绝赔偿，可以考虑向消费者协会或相关监管部门进行投诉。在此过程中，确保提供所有相关的证据和情况说明，以便维护自己的权益。

此外，如果寄送的物品是贵重物品或具有特殊要求，建议在寄送前购买快递保险或者选择更加安全的快递方式。这样不仅能降低物品损坏的风险，还能在物品损坏时获得更及时和充分的赔偿。

总的来说，针对快递过程中物品损坏的索赔问题，需要根据具体情况来决定如何处理。务必保留好相关证据和证明材料，并选择信誉良好的快递公司，以降低物品损坏的风险。同时，为了更好地保障自己的权益，建议在网购时选择信誉度高的商家和平台，并考虑购买快递保险或选择更安全的快递方式。如果经常需要进行网购或寄送贵重物品，可以考虑成为快递公司的会员或选择更专业的快递服务，以获得更好的保障和服务。

法律贴士

网购的商品在运输过程中被损坏，应该按照哪些步骤来处理？

网购的商品在运输过程中受损，处理步骤如下。首先，检查包裹，拍照并保留证据。联系卖家说明情况并提供证据，卖家可能退款、补发或协商其他解决方案。其次，如与卖家无法达成一致，可向购物平台投诉，提供照片、视频等证据。最后，如认为是快递公司造成的，可向快递公司投诉并提供破损照片、运单号。贵重物品可向快递公司索赔，具体金额和流程依快递公司规定。处理时务必保留好证据，冷静耐心地沟通，以便尽快解决问题。

小朋友们，你知道网购的商品在运输过程中被损坏该怎么处理了吗？快开动脑筋想一想吧！

做人要诚实

爸爸从购物网站上买了几条鱼……

这鱼太好看了，还比花鸟市场上的便宜不少。

爸爸，您看这条鱼，好像快要死了。

哎呀，还真是，那我要跟店家反馈一下。

您要是说鱼在路上都死掉了，是不是可以全额退款？

乐乐，你这个思想很危险呀！

做人要诚实，我们可不能干这样的事。

好的爸爸，我记住了。

存在超市自助寄存柜里的物品丢失了，该怎么办呢？

案例再现

　　小明和同学周日来到超市购物，将随身的背包存放在无偿使用的自助存储柜里。超市存储柜处循环播放着"贵重物品，请随身携带"的提示音。三个小时后，他们去取背包时，发现背包不见了。小明告诉超市工作人员，背包中有现金，因此让超市赔偿，却遭到了拒绝。在沟通无果后，小明选择了报警。警察了解情况后，告知小明，因为超市的存储柜是无偿使用的，因此，超市在不存在故意或重大过失的情况下，不承担物品丢失的赔偿责任。

法理分析

　　首先，根据《民法典》第八百八十八条的规定，保管合同是保管人保管寄存人交付的保管物，并返还该物的合同。寄存人到保管人处从事购物、就餐、住宿等活动，将物品存放在指定场所的，视为保管，但是当事人另有约定或者另有交易习惯的除外。小明前往超市购物时，将其个人物品放置在自助储物柜进行寄存，小明和超市之间构成了保管合同关系，超市有责任确保储物柜内物品的安全。

其次，根据《民法典》第八百九十七条的规定，保管合同分为有偿保管和无偿保管，超市的自助存储柜是免费的，属于无偿保管，这时，保管人只有在存在故意或者重大过失的情况下，才承担保管物丢失的后果。

再次，根据《民法典》第八百九十八条的规定，寄存货币等贵重物品时要向保管人说明，由于小明未向超市工作人员透露背包内有现金，因而超市没有义务进行赔偿。

因此，消费者在超市购物期间，务必亲自携带贵重物品，因为一旦它们被窃，超市通常不会承担相应的损失赔偿责任。

民法链接

《中华人民共和国民法典》第八百九十七条规定：保管期内，因保管人保管不善造成保管物毁损、灭失的，保管人应当承担赔偿责任。但是，无偿保管人证明自己没有故意或者重大过失的，不承担赔偿责任。

《中华人民共和国民法典》第八百九十八条规定：

寄存人寄存货币、有价证券或者其他贵重物品的，应当向保管人声明，由保管人验收或者封存；寄存人未声明的，该物品毁损、灭失后，保管人可以按照一般物品予以赔偿。

举一反三

　　星期天，琳琳和妈妈去超市购物。由于超市内温度较高，她们决定将外套和背包存放在超市外的自助存储柜里。存放时，工作人员上前提醒："请检查包内是否有贵重物品和现金，如有请随身携带。"琳琳和妈妈确认没有贵重物品后，便进入了超市。

　　购物结束后，她们回到存储柜取衣物和背包。但当打开柜门时，发现里面只有衣服，两个背包都不翼而飞了。妈妈立刻找到工作人员说明情况，工作人员迅速联系了安保人员和超市经理，并调取了监控录像。最终发现，背包

被一个戴鸭舌帽的男人拿走了。

妈妈对超市经理说："我们的背包是在你们的存储柜里丢的，你们应该负责赔偿。"

超市经理说："我们对此表示歉意，但存储柜是免费提供的，我们没有收取任何管理费用。而且，经过检查，存储柜并没有出现故障，所以我们不应承担责任。"

双方争执不下，琳琳只好选择报警。不久，两名警察到达现场，分别对双方进行了询问。

了解情况后，警察向琳琳妈妈解释道："我们理解您的心情，但根据法律规定，超市确实不需要承担责任。"

琳琳妈妈提出质疑："我的东西存在你们的柜子里，即使没有收费，你们也应该保证物品的安全吧？"

警察耐心解释道："在使用自助存储柜时，顾客与超市之间形成的是借用关系，超市只需证明存储柜无瑕疵且能正常使用，就不需要对柜内物品承担保管责任。"

琳琳妈妈继续追问："那如果是柜子的问题呢？"

警察回答："如果能够证明存储柜存在质量问题，或者超市在服务中存在故意或重大过失，那么超市才需要承担责任。"

经过警察的解释，琳琳和妈妈明白了法律规定，并表示以后会更加小心。琳琳感谢警察的耐心解释，妈妈意识到自己之前的要求不合理，也向超市经理表达了歉意。这次经历也让琳琳和妈妈吸取了教训，决定以后一定不在免费存储柜中存放贵重物品了。

律师答疑

存在超市自助寄存柜里的物品丢失了，超市要负责任吗？

在超市购物时，自助寄存柜为顾客提供了便利，但同时也存在物品丢失的风险。关于超市自助寄存柜物品丢失，超市是否承担责任的问题，具体分析如下。

超市的自助寄存柜是一种自助服务，顾客可以自行选择存放物品并保管好存取凭证。如果顾客在使用超市自助寄存柜时发生物品丢失的情况，超市是否承担责任取决于具体的情况。

如果顾客能够证明物品丢失是由于超市自助寄存柜本身存在质量问题，或者超市在提供寄存服务中存在故意或重大过失行为导致的，那么超市应当承担相应的赔偿责任。例如，如果超市的自助寄存柜存在安全漏洞或故障，导致顾客物品丢失或被盗，超市应当承担相应的赔偿责任。反之，如果顾客无法证明物品丢失是由于超市自助寄存柜本身存在质量问题，或者超市在提供寄存服务中存在故意或重大过失行为导致的，那么超市一般不承担赔偿责任。在这种情况下，超市可能会要求顾客自行承担责任，因为顾客在使用超市自助寄存柜时应当自行保管好自己的物品并对自己的物品负责。

总之，在使用超市自助寄存柜时，顾客应当保管好自己的物品并注意安全。如果发生物品丢失的情况，顾客应当及时与超市方面联系并协商解决。在协商解决过程中，如果能够证明超市方面存在过错，那么超市应当承担相应的赔偿责任。

 **法律贴士**

在超市或商场购物时需要注意什么？

在超市或商场购物时，我们需要注意以下几点来确保自己和财物的安全。首先，要保持警觉，注意周围环境，不要随意透露个人信息。其次，要妥善保管好自己的随身物品，尽量避免携带大量现金，更多地使用银行卡或移动支付方式。最好避免在夜间购物，并对店主和员工的行为保持警觉，一旦发现可疑情况要及时报警。同时，购物时要注意检查商品的质量，避免购买假冒伪劣产品。不要随意接受陌生人的帮助。遇到紧急情况时要保持冷静，采取适当的措施应对。最后，还要尊重他人的权益，避免不必要的冲突。

小朋友们，你知道在超市或商场自助寄存柜里寄存物品有哪些注意事项吗？快开动脑筋想一想吧！

贵重物品

周末，爸爸带着乐乐来到了超市……

遇到"概不负责"的"霸王条款",该如何应对?

案例再现

　　爸爸妈妈带着小丹去旅游时,发现景区的玉器店正在打折促销,妈妈被一块玉吸引,于是买了下来。回到家后,妈妈兴奋地向同事们展示她新买的玉,但一位懂行的同事告诉她,这块玉其实是假货。妈妈感到非常气愤,决定在周末去那家玉器店退换。然而,店员告诉她,店铺的柜台上已经明确贴出了"售出概不负责"的告示。妈妈认为这种做法侵犯了消费者的合法权益,于是她向有关部门投诉了这家玉器店。

法理分析

　　在风景名胜区,我们常常遇到商家利用格式条款来规避自身的责任，从而对游客的权益造成损害的情况。这些契约条款往往是商家预先制定的，并未与游客进行任何形式的协商。比如，某知名景区的玉器店铺内，赫然标注着"离店后概不负责"的字样，这是一种典型的"霸王条款"。

在商业交易中，我们常常遇到那些被称为"霸王条款"的格式合同条款。这些条款的目的显而易见：试图免除或减轻商家的责任，同时加重消费者的责任并限制其主要权利。这类条款的存在，无疑是对消费者权益的严重侵犯。根据《民法典》相关规定，如果格式合同的提供方排除了对方的主要权利，那么该格式合同将被视为无效。

设想一下，当游客在玉器店买到假货时，他们自然期望能够退掉这些商品。然而，玉器店以"离店后概不负责"为由拒绝退货，这实际上是在剥夺游客的主要权利。因此，这种"霸王条款"是无效的，并且商家需要承担相应的法律责任。

 民法链接

《中华人民共和国民法典》第四百九十六条规定：格式条款是当事人为了重复使用而预先拟定，并在订立合同时未与对方协商的条款。采用格式条款订立合同的，提供格式条款的一方应当遵循公平原则确定当事人之间的权利和义务，并采取合理的方式提示对方注意免除或者减轻其责任等与对方有重大利害关系的条款，按照对方的要求，对该条款予以说明。提供格式条款的一方未履行提示或者说明义务，致使对方没有注意或者理解与其有重大利害关系的条款的，对方可以主张该条款不成为合同的内容。

《中华人民共和国民法典》第四百九十七条规定：有下列情形之一的，该格式条款无效：（一）具有本法第一编第六章第三节和本法第五百零六条规定的无效情形；（二）提供格式条款一方不合理地免除或者减轻其责任、加重对方责任、限制对方主要权利；（三）提供格式条款一方排除对方主要权利。

举一反三

星期三，可可的妈妈过生日，爸爸送给她一份特别的礼物——一条她一直梦寐以求的珍珠项链。

然而，就在星期五，当妈妈准备出门时，她拿出了那条珍珠项链戴上，没想到的是，项链突然断裂，珍珠散落在楼道里。妈妈费了好大的劲才把珍珠一颗颗捡回来，累得满头大汗。

晚上回到家，妈妈对爸爸说："你送我的那条珍珠项链，我今天刚戴上就断了。我们明天去商场修一下吧。"爸爸听了，点头答应了。

到了星期六，一家三口来到了商场的珠宝柜台。他们对营业员说："我们星期三在这里买的珍珠项链，昨天刚戴上就断了。您能帮忙看看可以修一下吗？"

营业员接过项链，仔细查看后问道："你们确定这条项链是从我们这里买的吗？"

爸爸随即递上了购买票据。营业员看了票据后却说："珠宝首饰属于贵重商品，我们这里有个规定：一经售出，概不退换。"

爸爸无奈地问："您的意思是，我们这条项链既不能修，也不能退换吗？"

营业员回答："是的。"

爸爸坚定地说："但是，你们这种'一经售出概不负责'的规定属于不公平的格式条款。这种规定排除或限制了消费者的权利，减轻或免除了销售者的责任，加重了消费者的责任，是无效的。"

营业员表示自己不清楚什么是格式条款，但坚持说这种情况无法为顾客提供维修或退换服务。

爸爸生气地说："那我们请你们的商场经理来，让他来

判断我们的要求是否合理。"

　　大约十分钟后，商场经理赶到现场。在了解了事情的经过后，他首先向可可一家表达了歉意。

　　商场经理对营业员说："虽然珠宝首饰不在国家的'三包'范围内，但出现产品质量问题时，同样适用《消费者权益保护法》和《产品质量法》等法律法规。销售者应当依法负责修理、更换、退货，并赔偿由此造成的损失。顾客的要求是合理合法的，你们应该为顾客提供维修服务，并向顾客致歉。"

　　营业员听后，非常诚恳地向可可一家道了歉，并表示会尽快维修项链，同时询问他们希望得到什么样的赔偿。

　　可可妈妈说："不用赔偿了，我们买的时候也没有仔细检查，这也不是单方面的错误。只要问题能解决就好。"

　　营业员对可可妈妈的宽容表示了感谢，小心翼翼地将珍珠项链包好，拿去维修了。

旅游景点或商业场所"离店概不负责"的规定合法吗？

在旅游景点或商业场所，我们经常可以看到"离店概不负责"的告示，通常会出现在商店的显眼位置。但是，这种告示是否合法，还得根据具体情况来判断。

通常来说，如果"离店概不负责"的条款是由商家单方面制定的，并且没有与消费者进行任何形式的协商，那么可视之为"霸王条款"，也即违反了《消费者权益保护法》的相关规定。根据这部法律，经营者不能通过格式合同、通知、声明、店堂告示等方式制定对消费者不公平、不合理的规定，或者减轻、免除其损害消费者合法权益应当承担的民事责任。

如果商家在交易过程中没有向消费者展示"离店概不负责"的条款，并且消费者也没有明确同意这一条款，那么商家不能单方面强制执行这一规定。如果商家违反了与消费者之间的约定，消费者完全有权通过法律途径来维护自己的合法权益。

总之，"离店概不负责"的条款是否合法需要具体问题具体分析。如果商家在交易过程中没有向消费者展示这一条款，并且没有明确得到消费者的同意，那么商家不能强制执行这一规定。作为消费者，我们需要了解自己的权益，并保留好相关证据，以便在需要时能够维护自己的合法权益。

法律贴士

如何避免购买到有质量问题的物品？

在购物时，为了避免购买到有质量问题的物品，我们需要注意以下几点。首先，做足功课，通过查看评价和产品参数了解产品优缺点。其次，选择知名品牌，降低购买到劣质产品的风险。在购物时，要仔细检查产品的外观和质量，避免购买瑕疵过多的商品。切勿贪图便宜，避免购买价格过低的商品。此外，了解商家的售后服务政策，以便遇到问题时能够及时解决。最后，保存好购物凭证，以备不时之需。通过这些措施，我们可以大大降低购买到有质量问题的商品的风险，从而更好地维护自己的权益。

小朋友们，你知道该如何应对"霸王条款"了吗？快开动脑筋想一想吧！

霸王条款

周末，爸爸气呼呼地回了家……

旅途中的"霸座"行为，该如何应对呢？

案例再现

　　小旭和妈妈计划去北京看望在那里工作的爸爸。在订票时，妈妈特意挑选了两个相邻的座位。但当他们登上火车后，发现一位女士占据了他们靠窗的座位。妈妈礼貌地向女士说明情况，并请她让出座位，但女士坚决不肯。经过几次协商都没有结果，妈妈不得不找来乘务员帮忙。乘

务员了解情况后，要求女士立即让出座位。面对乘务员严厉的态度，女士最终不情愿地离开了座位。

 法理分析

在乘坐火车时，乘客应遵守《民法典》第八百一十五条的规定，按照有效客票上标明的时间、班次和座位号进行乘坐。任何无票乘车、越站乘车或购买低等级车票却占用高等级座位的行为，均被视为违约行为。乘客从购买车票的那一刻起，便与铁路公司建立了具有法律约束力的运输合同关系。根据这一合同，铁路公司承担着按照约定为乘客提供服务的责任。具体来说，乘客在乘车过程中应当坐在自己拥有使用权的座位上，这是乘客的合法权益。如果铁路公司未能按照约定履行其提供服务的义务，乘客有权向法院提起民事诉讼以维护自身权益。对于铁路公司而言，如果乘客未按照有效车票上注明的座位号乘坐，将被视为违反了双方的运输合同。在这种情况下，铁路公司有权拒绝为该乘客提供运输服务，并可以要求乘客承担相应的违约责任。

 民法链接

《中华人民共和国民法典》第八百一十五条规定：旅客应当按照有效客票记载的时间、班次和座位号乘

坐。旅客无票乘坐、超程乘坐、越级乘坐或者持不符合减价条件的优惠客票乘坐的，应当补交票款，承运人可以按照规定加收票款；旅客不支付票款的，承运人可以拒绝运输。实名制客运合同的旅客丢失客票的，可以请求承运人挂失补办，承运人不得再次收取票款和其他不合理费用。

举一反三

"十一"小长假期间，小敏和父母计划去海南探望爷爷奶奶。由于假期乘客众多，小敏一家没有携带太多随身行李，选择了最后登机。

登机后，他们发现三个座位中的两个被一对老人占据了。小敏的爸爸礼貌地对老人说："老先生，您可能坐错了，这是我们的座位。"

老人不客气地说："我们的座位在后面，我们换个座位吧。"

小敏的爸爸解释道："我们特意提前买的票，就是为了一家人坐在一起，请您回到自己的座位。"

老人不耐烦地说："我们俩的座位不在一起，不方便互相照顾，你们年轻人自己还照顾不了自己吗？"

小敏的爸爸坚持道："如果我们换座，我们一家人就会分开，我们不放心孩子，请您理解。"

老人靠在椅背上，不耐烦地说："不用多说了，我们是不会回去的。"

劝说无果，小敏的妈妈找来了机组人员，请他们规劝。

机组人员到场后，首先核对了票面信息。这时，旁边的乘客也愤愤不平地说："这两个老人太不像话了。"

机组人员严肃地说："老先生，还请二位回到自己的座位，您这样会影响飞机正常飞行的。"

老人生气地说："在哪儿坐不一样，为什么一定要跟我们抢呢？现在的年轻人，真是没有道德。"

机组人员耐心解释："老先生，这本来就是您的错误，您这是霸占座位，属于治安违法行为。您强占了其他乘客的座位，侵犯了他们的权益，扰乱了乘坐秩序。"

老人不讲理地说："我就不动了，你还能把我抓起来？"

机组人员严肃地说："先生，根据相关法律法规，针对您的这种情况，可处以警告或者 200 元以下罚款。情节较重的，处 5 日以上 10 日以下拘留，并处 500 元以下罚款。"

在众人的指责和机组人员的批评教育下，老人终于意识到了自己的错误，将座位让了出来。

机组人员对老人说："非常感谢您的配合，祝您旅途愉快。"

老人红着脸低下头，匆匆地道歉后，离开了座位。小敏一家终于安心地坐到了预定的座位上，松了一口气，继续他们的旅程。

律师答疑

霸座行为的法律后果和应对措施是什么？

霸座是一种不道德的行为，并且可能构成违法行为。霸座者强行占用他人的座位，这种行为违反了公共秩序和道德规范。如果霸座行为扰乱公共秩序，妨害公共安全，侵犯人身权利、财产权利，妨害社会管理或者对社会产生危害性后果，那么根据相关规定，霸座者可能会被追究刑事责任。

在司法实践中，对于霸座行为，已经有了相应的治安管理处罚和追究刑事责任的案例。比如说，在铁路运输中，如果乘客强行霸占他人的座位，这被视为违反了铁路运输企业的运输合同。在这种情况下，承运人有权要求霸座乘客支付额外的票款，甚至可以对拒绝支付票款的旅客拒绝继续提供运输服务。

不仅如此，我国《治安管理处罚法》和《刑法》也明确将霸座行为界定为寻衅滋事的行为，并将其定性为危害运输秩序和运行安全的违法犯罪行为。这意味着，如果霸座行为严重到一定程度，其行为人可能会被追究刑事责任。

因此，我们应该遵守公共秩序和道德规范，尊重他人的权益和利益。如果遇到霸座等不法行为，可以及时向有关部门举报，从而维护公共秩序和社会正义。

法律贴士

遇到霸座行为应该如何正确应对和处理？

出行时遇到霸座行为，可以采取以下措施：首先保持冷静，尝试与霸座者沟通，说明其行为不当，会影响其他乘客的利益。如沟通无果，可寻求列车员或乘警的帮助，他们有责任维护列车秩序。同时，可记录霸座行为和相关证据以备后续处理。如果情况严重，涉及人身安全或财产侵害，可寻求法律援助。总之，遇到霸座行为时，应采取合适的方法维护自身权益和其他乘客的利益，加强自身安全意识，提高自我保护能力。

小朋友们，你知道有人霸座时该怎么做了吗？快开动脑筋想一想吧！

_____

_____

道德绑架

假期，爸爸带着乐乐坐火车去外地玩……

青少年应该如何用法律维护自己的权益?

　　青少年时期是塑造人生观和价值观的重要阶段，学会用法律维护自己的权益对于每个人来说都是一堂必修课。以下是一些实用的建议，以帮助青少年在面对挑战时能够依法自卫。

　　1. 培养法制观念。由于身心尚未成熟，青少年容易受到不公正对待或做出极端行为。树立法制观念，能够更好地保护自身的合法权益。

　　2. 接受法制教育。通过阅读法律书籍、参加法制课程，青少年可以掌握必要的法律知识，用法律武器保护自己。

　　3. 自觉遵守法律。青少年在用法律保护自己权益的同时，首先要确保自己不触犯法律红线。

　　4. 了解常用的维权途径。青少年应对报警、诉讼等常用的维权方式有所了解，这样在需要时能够迅速采取行动。

　　5. 请教专业人士。当遇到复杂的法律问题时，寻求专业人士的帮助是非常必要的。家长、老师或相关专业人士可以提供宝贵的指导和支持。

　　6. 积极参与法律讲座和维权活动。青少年应多听法律讲座，了解真实的维权案例，并积极参与维权活动，这样在权益受到侵害时，能够更加自信和有效地维护自己的合法权益。